Notker Wolf,
Wurzeln für ein erfülltes Leben
Die Zehn Gebote

Notker Wolf

Wurzeln für ein erfülltes Leben

Die Zehn Gebote

benno

Bibliografische Information der
Deutschen Nationalbibliothek
Die Deutsche Nationalbibliothek verzeichnet diese
Publikation in der Deutschen Nationalbibliografie;
detaillierte bibliografische Informationen sind im Internet
über http://dnb.d-nb.de abrufbar.

Besuchen Sie uns im Internet:
www.st-benno.de

Gern informieren wir Sie unverbindlich und aktuell auch
in unserem Newsletter zum Verlagsprogramm,
zu Neuerscheinungen und Aktionen. Einfach anmelden
unter www.st-benno.de

ISBN 978-3-7462-5411-1

Umschlaggestaltung: Ulrike Vetter, Leipzig
Umschlagabbildung: © Smileus/Fotolia
Gesamtherstellung: Kontext, Lemsel (A)

INHALT

1. Du sollst keine anderen Götter neben mir haben

Wenn Gott uns abhandenkommt, dann handeln wir uns dafür andere Götter ein. 9

2. Du sollst den Namen Gottes nicht verunehren

Dürfen wir in den Schmutz ziehen, was anderen Menschen heilig ist? 17

3. Gedenke, dass du den Sabbat heiligst

Der Sonntag ist ein Tag unserer Freiheit, da der Mensch wieder zu sich kommen darf, indem er auf sich und die anderen Rücksicht nimmt. 25

4. Du sollst Vater und Mutter ehren

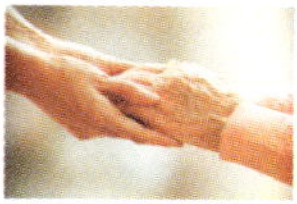

Dies ist ein Gebot der Gegenseitigkeit. Gott hat uns füreinander geschaffen, die Eltern für die Kinder, die Kinder für die Eltern. 33

5. Du sollst nicht töten

„Krieg ist immer eine Niederlage für die Menschheit." 41

6. Du sollst nicht ehebrechen

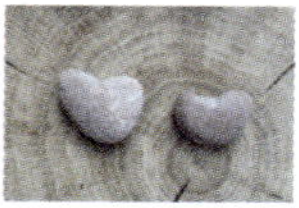

Krisen sind Zeiten normalen Wachstums und Reifens. Wir nehmen uns viel zu wenig Zeit, miteinander im Gespräch zu bleiben. 49

7. Du sollst nicht stehlen

Diebstahl ist auch jede Form von Luxus, das heißt: Dinge werden achtlos verschwendet. 57

8. Du sollst kein falsches Zeugnis geben wider deinen Nächsten

Wollen wir immer die Wahrheit hören? Verkraften wir sie? 65

9. Du sollst nicht begehren deines Nächsten Frau

Menschen senden auch ungewollt Reize aus, aber der oder die andere bleibt eine zu respektierende Person, die niemandem gehört. 73

10. Du sollst nicht begehren deines Nächsten Hab und Gut

Wir brauchen zwar einiges für unser Leben, aber je mehr wir uns davon befreien können, desto glücklicher fühlen wir uns. 81

1. Du sollst keine anderen Götter neben mir haben

Wenn Gott uns abhandenkommt, dann handeln wir uns dafür andere Götter ein.

WER SIND MEINE GÖTZEN?

Wir leben in einer Zeit der individuellen Freiheit. Wir wollen frei sein und selbst bestimmen, was wir tun und wie wir leben. Was sollen da noch Gebote? Die Kirche hat sowieso das Image, eine Institution der Gebote und Verbote zu sein. Wo bleibt da noch Raum für die Freiheit des Christenmenschen?

Dabei sind die Zehn Gebote viel älter als das Christentum. Sie wurden dem Mose bei seiner Gottesbegegnung auf dem Berg Horeb in der Wüste Sinai vermittelt, um dem Volk Israel eine Basis für das gesellschaftliche Zusammenleben zu geben, einem Volk, das sich in der Gefangenschaft in Ägypten gebildet hatte und sich nun unter den anderen Völkern behaupten sollte.

Gott hatte diesem Volk durch einen Bund seine Unterstützung zugesagt, falls es seinerseits ihm treu bleibe. Die ganzen Niederlagen bis hin zur babylonischen Gefangenschaft wurden von den Propheten als Folge der Untreue gedeutet, bis hin zum Vergleich der Untreue in einer Ehe. Wann immer das Volk Israel mit anderen Völkern in Berührung gekommen ist, war es der Versuchung erlegen und den lokalen Gottheiten nachgelaufen.

Das ist der Hintergrund des ersten Gebots: „Du sollst keine anderen Götter neben mir haben." Dieser Gott ist kein Willkür-Gott, sondern sorgt sich um sein Volk und möchte ihm zu seinem Glück verhelfen. „Die Götzen der Völker sind nur Silber und Gold, ein Machwerk von Menschenhand. Sie haben einen Mund und reden nicht, Augen und sehen nicht; sie haben Ohren und hören nicht, eine Nase und riechen nicht; mit ihren Händen können sie nicht greifen, mit den Füßen nicht gehen, sie bringen keinen Laut hervor aus ihrer Kehle. Die sie gemacht haben, sollen ihrem Machwerk gleichen, alle, die den Götzen vertrauen. Israel vertrau auf den Herrn! Er ist für euch Helfer und Schild" (Psalm 115,4–9).

Diese Götter kennen wir auch aus unseren Tagen. Topmanager können nicht genug einstreichen. Wenn es schon das Gehalt nicht ist, dann sind es die Boni, die zu größten Summen führen, selbst dann, wenn einer versagt hat. Notfalls werden die Boni gerichtlich eingeklagt. So als ob diese Führungskräfte nicht schon genug hätten.
Aber Geld und Gold blenden. „Eher geht ein Kamel durchs Nadelöhr, als dass ein Reicher ins Himmelreich kommt“, heißt es im Evangelium. Lediglich die Barmherzigkeit Gottes lässt auch diese Menschen hoffen.
Aber sind es nur die ganz Reichen? Wir finden überall die Schnäppchenjäger. Wir jammern über die unmenschlichen Bedingungen, unter denen in Bangladesch T-Shirts hergestellt werden, wollen aber alles zu Billigstpreisen. Wenn viel Geld eine längere Zeit in Reichweite läge, würde dann nicht doch der eine oder andere der Versuchung anheimfallen?
„Geld regiert die Welt“ ist ein allzu wahres Sprichwort. Urwälder werden abgeholzt, um mit dem Holz Geld zu machen oder gewinnträchti-

ge Ölpalmen anzupflanzen. Die Betrugsskandale nehmen kein Ende, wie wir bei den Abgasskandalen sehen. Manche scheuen sich nicht einmal davor zurück, Nahrungsmittel zu fälschen und den Menschen zu schaden. Wenn nur der Geldhahn offen bleibt.
Die chinesische Regierung versucht mit anderen Methoden, den Bürgern Moral beizubringen. Sie werden total überwacht und erhalten je nach ihrem ethischen Verhalten Plus- oder Minuspunkte. Nicht mehr Gott schreibt die Moral vor, sondern der Staat oder die Partei.
Bei uns gebärdet sich die moralische Korrektheit in ähnlichem Sinn. Uns wird vorgeschrieben, was wir sagen oder gar denken dürfen. Dabei werden die Urheber dieser Normen nicht einmal sichtbar. Der Mainstream in den Medien gibt ebenfalls vor, was moralische Norm ist, ob es um Abtreibung geht oder um die Homo-Ehe. Wehe, es begehrt einer dagegen auf.
Göttliche Autorität maßen sich auch Forscher im Silicon-Valley an. Sie wollen natürliche und künstliche Intelligenz verschmelzen. Dann wäre

dem Menschen Unendlichkeit beschert. Gottes jenseitiges Leben würde überflüssig.
In manchen Ländern versuchen Humangenetiker, den künftigen Menschen total zu planen und zu klonen. Zufall, Natur oder Gott sollen ausgeschaltet werden.
Dabei spüren wir gerade beim Klimawandel, wohin es führt, wenn wir die Welt nicht mehr als Geschenk Gottes annehmen. Die Natur schlägt zurück und wird es auch auf anderen Gebieten tun. Wie Goethes Zauberlehrling werden wir die Geister, die wir riefen, nicht mehr los.
Gott ist uns nicht nur abhandengekommen, sondern wir wollen ihn vertreiben und erkennen nicht, dass wir uns dafür andere Götter einhandeln als den Gott, der aus Liebe die Welt und den Menschen geschaffen hat und ihm Orientierungen vorgibt, die zum Leben führen und es erhalten. Die Frage bleibt: Wer ist unser Gott? Wer sind meine Götzen, wer sind deine Götzen?

2. Du sollst den Namen Gottes nicht verunehren

Dürfen wir in den Schmutz ziehen, was anderen Menschen heilig ist?

DER BERÜHRBARE GOTT

Der Gott Israels ist über alle Vorstellungen erhaben. Er ist nicht ein Gott unter anderen. Deshalb galt für die Israeliten das Verbot, sich von Gott ein Bild zu machen. Auch der Islam hat diese Anweisung übernommen und stattdessen die Moscheen mit einzigartigen Verzierungen ausgestaltet. Gott hat sich den Israeliten gezeigt in der Wolke, die das Volk untertags beim Zug durch die Wüste vor der Sonneneinstrahlung beschützt und ihm in der Nacht als Feuersäule den Weg gewiesen hat. Mehr noch hat er seine Treue und steten Schutz bewiesen beim Ringen Israels mit anderen Völkern.

Erst die Menschwerdung Gottes hat den Grund gelegt für neue Bilder. Doch auch bei den Christen war die Darstellung Jesu nicht unumstritten. Ikonenmaler wollten Jesus so darstellen, dass er

selbst geheimnisvoll in den Bildern präsent wird. Ikonen wurden verehrt, weshalb im 8. und 9. Jahrhundert in der orthodoxen Kirche ein großer Streit zwischen den Ikonoklasten, den Zerstörern von Bildern, und den Ikonodulen, den Verehrern, ausbrach. Im 16. Jahrhundert ging der reformatorische Bildersturm los. Zahlreiche Kunstwerke des Mittelalters wurden zerstört. Immer ging es bei diesen Vorfällen darum, dass wir uns von Gott kein Bild machen sollten.
Gott aber wurde sichtbar und berührbar in Jesus von Nazaret. Er rückte die Fehlvorstellungen von Gott zurecht. In seiner Verkündigung und seinem Handeln erkennen wir die Liebe Gottes zu den Menschen. Gott ist zwar letztlich derjenige, der über Gut und Böse befindet, aber sein Urteil durch die barmherzige Liebe zu den Menschen bestimmen lässt.
So manche sehen in Gott einen Buchhalter, dem daran gelegen ist, all unsere Sünden aufzuzeichnen. Es ist ein Gott, der viele verängstigt hat. „Ich und der Vater sind eins“, hat Jesus gesagt. In ihm erkennen wir, wer Gott wirklich ist, ein Gott

der Liebe und der Vergebung, einer Vergebung, die nicht nur siebenmal gewährt wird, sondern sieben mal siebzigmal. Ein Gott, den wir in seiner Liebe nachahmen sollen.
Wir machen uns selber ein Gottesbild, wenn wir Gott das Böse in der Welt vorwerfen. Warum lässt Gott das Böse und das Leid in der Welt zu? Wir verkennen, dass das meiste Leid durch die Menschen selbst geschieht. Hinter all den Kriegen lauert geheimnisvoll das Böse. Wir würden gern die Verantwortung auf Gott abschieben. Aber selbst das Leid der Krankheit und des Todes bleibt ein Geheimnis. Gott hat keine theoretische Antwort auf diese Frage gegeben, sondern ist selbst Mensch geworden und hat Leid und Tod auf sich genommen, um den Stachel des Todes in der Auferstehung Jesu zu brechen. Gott hat keine theoretische Antwort auf unser Fragen gegeben, sondern eine Antwort in Gestalt der selbstlosen Liebe, die den Tod überwunden hat.
Das ist auch ein anderer Gott als der, auf den die griechischen Philosophen bei ihrem Suchen gestoßen sind: der „unbewegte Beweger". Gott

ist ein lebendiger Gott, ein Gott des Lebens, der nicht fern von dieser Welt thront, sondern der sich auf uns Menschen eingelassen hat.
Demnach wäre es ein Verbrechen, Gottes Namen zu missbrauchen. Die Juden durften den Namen des Gottes nicht einmal aussprechen, der sich Mose im brennenden Dornbusch offenbart hat als der, der ist, der sein wird, der bei seinem Volk bleiben wird. Wir denken bei der Verhöhnung des Namens Gottes meistens an unsere vulgären Flüche, Wutausbrüche, bei denen wir entweder die Schuld auf Gott abwälzen oder Gott zum Zeugen anrufen wollen. Aber warum brauchen wir dazu wieder Gott? Vielleicht steckt dahinter noch unbewusst die Erinnerung an den Sündenfall von Adam und Eva, als Gott die Schlange verfluchte. Entweder soll Gott zur Rechenschaft gezogen oder zum Zeugen gerufen werden, wenn etwas gegen unseren Strich gelaufen ist. Es wäre heilsamer, wir würden über unsere Gebrechlichkeit und Sündhaftigkeit nachdenken.
Wir bezeichnen den Missbrauch des Namens Gottes als Blasphemie, die Gotteslästerung oder

die Verhöhnung von Glaubensinhalten einer Religion. Blasphemie ist gesetzlich in vielen Staaten verboten, wird aber bei uns, wenn es um Kunst geht, kaum mehr beachtet.
Die dänischen Karikaturen Mohammeds haben bei den Muslimen weltweit Empörung ausgelöst und bis hin zur Ermordung von Menschen im Namen Gottes geführt. Wir sind entsetzt ob dieser Grausamkeit. Aber dürfen wir andererseits in den Schmutz ziehen, was anderen Menschen heilig ist? In einer überzogenen Betonung der Freiheit vergessen wir den Respekt vor Gott und damit auch vor den Menschen. Wer keine Achtung mehr hat vor Gott, kann auch rasch die Achtung vor den Menschen verlieren.

3. Gedenke, dass du den Sabbat heiligst

Der Sonntag
ist ein Tag
unserer Freiheit,
da der Mensch
wieder zu sich
kommen darf,
indem er auf
sich und die anderen
Rücksicht nimmt.

DER TAG UNSERER FREIHEIT

Der Sabbat galt den Juden als besonders heilig, in Erinnerung an den siebten Schöpfungstag, da Gott von seinen Werken ausruhte. Zahlreiche Einzelgebote waren damit verbunden, damit der Tag Gottes auf gar keinen Fall entehrt würde.
Jesus hat diese Gebote allerdings relativiert, indem er unterstrich, der Sabbat sei für den Menschen da, nicht der Mensch für den Sabbat. Außerdem hat er am Sabbat Menschen geheilt und die Gesetzeslehrer damit herausgefordert. In ihren Augen war es pure Gotteslästerung. Jesus, warfen sie ihm vor, habe sich über den Sabbat erhoben und sich damit Gott gleichgestellt.
Im Christentum ging die Sabbatruhe auf den Sonntag über, den Tag der Auferstehung des Herrn. Wenngleich es dann keine Detailgebote mehr gab, so sollten die Christen den Sonntag

doch als Herrentag begehen und sich aller knechtlichen Arbeit enthalten. Sie sollten vor allem frei sein für die Feier von Tod und Auferstehung des Herrn im gemeindlichen Gottesdienst.
Das Gespür für die Bedeutung des Sonntagsgottesdienstes ist bei vielen abhandengekommen. Man könne auch im Wald beten, man müsse dazu nicht in die Kirche gehen, sagen sie. Das stimmt: Beten kann ich überall. Aber es geht um die Kernfeier des christlichen Glaubens mit der Gemeinde. Ein Privatgebet kann das nicht ersetzen. Gott hat den Vorrang vor allem, und gerade dadurch werde ich Mensch. Gott hat uns die Würde zurückgegeben. Wir dürfen die Befreiung von unserer Sündenlast und der Zukunftslosigkeit des Todes feiern.
Deshalb soll auch der ganze Tag geheiligt werden und frei bleiben von den Mühen der Arbeit. Der heilige Benedikt verlangt, dass sich die Mönche an diesem Tag der geistlichen Lesung widmen. Er ist allerdings auch Realist, der die Grenzen der Menschen kennt, und fährt fort: „Ist aber einer so nachlässig und träge, dass er nicht willens oder

nicht fähig ist, etwas zu lernen oder zu lesen, dann trage man ihm eine Tätigkeit auf, damit er nicht müßig ist" (Regula Benedicti 48,23). Denn „Müßiggang ist der Seele Feind" (RB 48,1). Das Zentrum aber bleibt die sonntägliche Eucharistiefeier.

In der Öffentlichkeit dreht sich allerdings die Diskussion nicht um die Feier des Herrentages, wie der Sonntag ursprünglich genannt wurde, sondern um den arbeitsfreien Tag und die verkaufsoffenen Sonntage. Durch die Industrialisierung ist der arbeitsfreie Tag oft ausgehöhlt worden, auch müssen Grunddienste an Sonntagen geleistet werden, zum Wohl der Menschen. Auch der heilige Benedikt sagt: „Am Sonntag sollen alle für die Lesung frei sein außer jenen, die für verschiedene Dienste eingeteilt sind" (RB 48,22).

Aber das betrifft bei Weitem nicht alle. Kirchen und Gewerkschaften wird vorgeworfen, sie hielten stur am arbeitsfreien Sonntag und an dem Verbot verkaufsoffener Sonntage fest. Aber reichen sechs Tage nicht aus, zumal viele Geschäfte an gewissen Tagen abends länger geöffnet sind?

Denken wir auch an die Verkäuferinnen und Verkäufer, zu deren Lasten ein verkaufsoffener Sonntag geht?
Der siebte Tag als Ruhetag hat sehr wohl seinen Sinn im menschlichen Leben. Unser Leben ist geregelt von einem Biorhythmus, den wir heute gerne übersehen. Ein Ruhetag in der Woche dient dem Wohl des Menschen, auch seiner Sinnerfüllung; denn wir sind nicht nur für die Arbeit geboren. Uns Deutschen sagen die Italiener nach, wir lebten, um zu arbeiten; sie dagegen arbeiteten, um zu leben.
Der Sonntag sollte vor allem ein Tag der Familie sein, da wir Zeit haben für die Familie, für ein gemeinsames Mahl, für Ausflüge und Gespräche. Der Sonntag dient dem Zusammenhalt der Familie, da wir wochentags arbeitsmäßig oft allzu angespannt sind oder die Tagesrhythmen der einzelnen Familienmitglieder sich nicht decken.
Es mag wie eine Idylle aussehen, einen Familientag anzustreben. Gleichwohl wäre ein solcher Tag ein Ideal, das wir nicht aus den Augen verlieren dürfen. Oder ist uns die Familie nichts mehr wert?

Der Sonntag ist ein Tag unserer Freiheit, da der Mensch wieder zu sich kommen darf, indem er auf sich und die anderen Rücksicht nimmt und bei all der alltäglichen Last der Arbeit wieder seinen eigenen Wert behauptet. Der Sonntag ist der Tag, an dem wir uns der Heilstat Gottes erinnern, da Gott den Menschen wieder zur Teilnahme an seiner ewigen Herrlichkeit befreit hat.

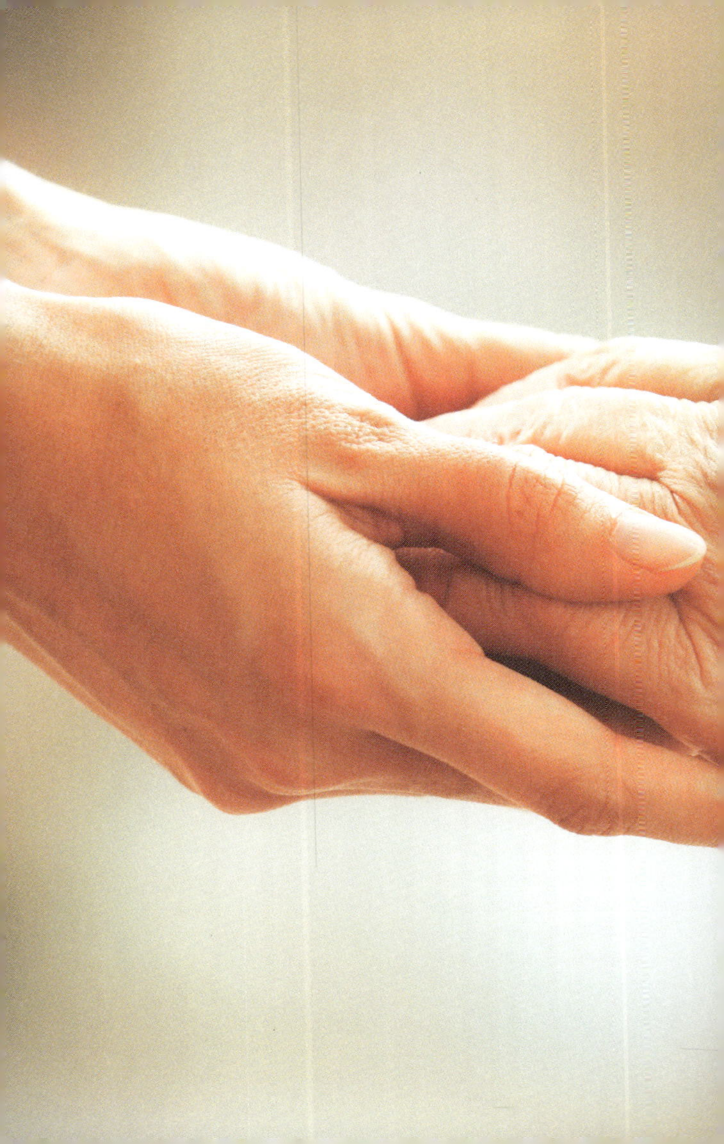

4. Du sollst Vater und Mutter ehren

Die ist ein Gebot
der Gerechtigkeit.
Gott hat uns
füreinander geschaffen,
die Eltern
für die Kinder,
die Kinder
für die Eltern.

ALTE EHREN, JUNGE LIEBEN

Die Liebe zu den Eltern scheint dem Menschen von Natur aus mitgegeben zu sein. Dabei ist Liebe mehr als die Achtung vor den Eltern, sie schließt sie ein. Mit diesem Gebot öffnet sich der Dekalog auf die Gesellschaft hin. Es geht um den Zusammenhalt der Familien über die Generationen hinweg. Wir fühlen uns verantwortlich für die nächsten Generationen.

Hier führt der Blick zunächst auf die Eltern, die dem Kind das Leben schenken, für es sorgen, es erziehen, bis es in die Selbstständigkeit entlassen werden kann. Dementsprechend gebührt dem Kind die Dankbarkeit. In der damaligen Gesellschaft war es wichtig, dass die Kinder für die Eltern sorgten, es gab noch keine Rentenversicherung. Kinder waren die Altersversorgung, wie es heute noch in afrikanischen Stämmen der

Fall ist. Je mehr Kinder die Eltern haben, umso besser sind sie für ihr Alter abgesichert.
Kinder galten zur Zeit Jesu nicht als ernstzunehmende Mitglieder einer Familie, und Jesus eckte an, selbst bei seinen Jüngern, als er sagte: „Lasset die Kinder zu mir kommen; denn ihrer ist das Himmelreich." (Mt 19,14) „Wer so klein sein kann wie dieses Kind, der ist im Himmelreich der Größte." (Mt 18,4) Kinder wurden geschlagen, sie waren wie Sklaven. So mancher Mensch, der von seinen Eltern nicht gewollt war oder misshandelt wurde, tut sich schwer, die Eltern zu ehren. Es wird einer mühsamen Arbeit bedürfen, bis ein Sohn oder eine Tochter den Eltern vergeben und sie ehren kann. Wenn Eltern das erwarten, dann müssen sie auf ihre Kinder zugehen und mit ihnen reden und gegebenenfalls um Verzeihung bitten.
Traurig und schlimm ist es, wenn Verletzungen nicht aufgearbeitet werden und es zu keiner Aussöhnung kommt. Immer wieder ist zu hören, dass der Sohn oder die Tochter nicht mehr mit den Eltern reden. Für Eltern ist es grausam,

wenn Kinder sie für etwas strafen, das ihnen vielleicht gar nicht bewusst ist, wenn sie keinen Besuch mehr bekommen und das Telefon nicht mehr klingelt. Ob die Kinder sich dieser Vereinsamung und dieses Leidens bewusst sind?
Ein Beispiel: Eine wohlhabende ältere Frau liegt im Krankenhaus und sucht sich einen Pflegeplatz. Da nun taucht die Tochter auf und macht ihrer Mutter Vorhaltungen, sie hätte zuerst die Familie fragen müssen. „Wo ist meine Familie? Niemand hat mich bisher besucht. Die Frau neben mir hat zwei vollbeschäftigte Kinder, und doch kommt jeden Tag eines zu Besuch." Familie wird oftmals erst konkret, wenn es ums Geld geht.
Kinder, die ihren Eltern nahestehen, lernen Lebensrealismus. Sie sehen, was im Alter auf sie zukommt, sie beobachten das kontinuierliche Nachlassen der Kräfte. Vielleicht aber erleben sie auch die Abgeklärtheit der Eltern, hören ihre Lebensweisheit und erleben ein Beispiel der Treue, wenn die Eltern sich im Laufe der Jahre zusammengerauft haben zu einer Liebe, die nicht mehr im ersten Aufflammen der Emotionen besteht,

sondern im vollen Ja zueinander. Sie sind zusammengewachsen.
Dieses Gebot stellt aber auch eine Herausforderung an die Eltern dar, ihre Kinder nicht bis ins Erwachsenenalter zu bevormunden, sondern sie in die Freiheit zu entlassen, jederzeit aber offen für ihre Nöte zu sein und, wenn gefragt, beratend zur Seite zu stehen. „Affenliebe“ ist das Letzte, was den Kindern guttut.
Die Liebe der Eltern zu ihren Kindern darf nicht aufhören, sondern muss reifen. Am schwersten fällt es Eltern, wenn Kinder anderen Werten folgen, wenn sie etwa nicht mehr in die Kirche gehen. Ein gutes, verständnisvolles Gespräch tut hier not. Die Zeit geht weiter, und ältere Menschen müssen bereit sein für Veränderungen. Das mag schon beim Umbau ihres unter Mühen aufgebauten Hauses der Fall sein. Die Kinder brauchen auch das Vorbild von Menschen, die in Würde altern und loslassen können.
Dieses Gebot ist ein Gebot der Gegenseitigkeit. Der heilige Benedikt macht den feinen Unterschied: „Die Jüngeren sollen die Älteren ehren,

die Älteren die Jüngeren lieben.“ (RB 63,10) Vielleicht ist das ein Rat, der auch für moderne Patchworkfamilien gelten könnte. Denn auch im Kloster kommen wir aus verschiedenen Familien, und doch müssen wir lernen, in gegenseitiger Annahme miteinander auszukommen. In einer Patchworkfamilie tun sich die Kinder allerdings schwerer; denn sie sind in ihrem Alter auf feste Bezugspersonen angewiesen. Wir müssen ihnen helfen, dass sie sich trotzdem gut entwickeln können. Hier haben die Kitas eine wichtige Aufgabe.

Gott hat uns füreinander geschaffen, die Eltern für die Kinder, die Kinder für die Eltern. Damit wird der Gesellschaft ein solides Fundament gegeben, und genau dem wollen die Gebote Gottes dienen.

5. Du sollst nicht töten

„Krieg ist immer eine Niederlage für die Menschheit."

Johannes Paul II.

DER GOTT DER LEBENDEN

Gott ist der alleinige Herr über Leben und Tod. Aber er ist „kein Gott von Toten, sondern von Lebenden." (Lukas 20,38). Er hat „seinen Sohn nicht in die Welt gesandt, damit er die Welt richte, sondern damit die Welt durch ihn gerettet wird". (Johannes 3,17)
Deshalb wird die Todesstrafe von vielen Ländern abgelehnt. Selbst ein Sünder bleibt ein Mensch, mit seiner Menschenwürde behaftet, selbst wenn er das Leben eines anderen Menschen ausgelöscht hat: „Wahrlich – Spruch des Herrn – ich habe kein Gefallen am Tod des Schuldigen, sondern daran, dass ein Schuldiger sich abkehrt von seinem Weg und am Leben bleibt." (Ezechiel 33,11)
Deshalb kann es auch keinen gerechten Krieg geben, besonders wenn wir an die heutigen

Waffensysteme denken. „Krieg ist immer eine Niederlage für die Menschheit“, hat der schwer kranke Papst Johannes Paul II. vor dem drohenden Irakkrieg gewarnt.

Und auch Papst Franziskus ist in dieser Frage eindeutig: „Krieg schafft keinen Frieden, Versöhnung ist nötig, Gewalt und Krieg sind niemals der Weg des Friedens. Vergebung, Dialog, Versöhnung sind Worte des Friedens, in der geliebten syrischen Nation, im Vorderen Orient, in der ganzen Welt. Wir haben unsere Waffen vervollkommnet, unser Gewissen ist eingeschlafen, und wir haben ausgeklügeltere Begründungen gefunden, um uns zu rechtfertigen.“ Diesen Appell richtete er schon im September 2013 in einer Gebetswache auf dem Petersplatz an die ganze Welt.

Tatsächlich ist schon die Waffenentwicklung und der Besitz von Menschen zerstörenden Waffen unmoralisch. Deutschland aber verkauft sie an viele Länder und verdient daran kräftig.

Gott ist der alleinige Herr über Leben und Tod – das gilt auch für den Anfang unseres Lebens und für unser Lebensende, auch wenn die öffentliche Diskussion dieses Leben selbst bestimmen und nicht mehr als Geschenk entgegennehmen möchte. Behinderte Föten sollen ausgeschaltet werden, am Genom wird experimentiert, um den maßgeschneiderten Menschen hervorzubringen. Alles soll machbar und verhandelbar werden. Papst Johannes Paul II. hat in seiner letzten Lebensphase deutlich gezeigt, dass auch ein vom Leid gezeichneter Mensch noch seine Würde behält. Sie besteht letztlich darin, sich mit dem Leiden Jesu Christi zu vereinen, um mit ihm zur Auferstehung zu gelangen. Stattdessen setzt sich der Mensch an die Stelle Gottes und will über Tod und Leben befinden.

Doch die Tötung einer anderen Person muss nicht nur im physischen Sinne verstanden werden. „Tod und Leben stehen in der Macht der Zunge“ (RB 6,5), zitiert der heilige Benedikt aus dem Buch der Sprüche (18,21).

Das gilt nicht nur für Verleumdungen. Das Internet hat mit Blogs und sozialen Medien allen eine Möglichkeit gegeben, den Ruf eines anderen zu

zerstören. Manch einer muss einen Shitstorm über sich ergehen lassen, weil er den Mut aufbrachte, Dinge beim Namen zu nennen.
Viele bejammern, dass kaum mehr Kandidaten für Führungspositionen in Politik und Wirtschaft zu finden seien. Wenn aber einer hochkommt, läuft er Gefahr, von Medien niedergemacht zu werden. Rufmord wird selten gerichtlich geahndet, ist aber an der Tagesordnung. Jedem soll etwas angehängt werden. Notfalls geht man dann weit in die Vergangenheit zurück, um noch das Haar in der Suppe zu finden. Wie sich ein Mensch in der Zwischenzeit entwickelt hat, spielt dann keine Rolle. Gnadenlos werden Menschen abgeurteilt.
Wir spielen uns oft als Richter über andere auf. Aber wir brauchen eine neue Kultur des Umgangs miteinander. Dabei sollten wir nicht zimperlich sein, sondern müssen auch mal etwas aushalten und einstecken können. Auf der anderen Seite gibt es immer die Möglichkeit, um Verzeihung zu bitten, wenn wir uns vergaloppiert haben.
Statt andere durch Worte zu töten, können wir

sie auch aufbauen. Kranke, Trauernde, Niedergeschlagene brauchen ein Wort des Trostes, wir brauchen Worte der Ermutigung, besonders Kinder und Schüler, nicht selten, wenn jemand versagt hat. Wir brauchen die Sorge füreinander, wenn jemand aus seiner Abhängigkeit allein nicht mehr herauskommt. Wir haben die Möglichkeit, Leben nicht nur zu vernichten, sondern auch zu fördern.

An diesem Gebot wird im Besonderen deutlich: Gott will mit den Zehn Geboten den Menschen nicht unterdrücken, sondern das Leben des Menschen schützen. Selbst ein Mensch, der seiner noch nicht oder nicht mehr mächtig ist, soll in dieser Welt gleichrangig mit allen anderen Menschen leben können.

6. Du sollst nicht ehebrechen

Krisen sind
Zeiten normalen
Wachstums
und Reifens.
Wir nehmen uns
viel zu wenig Zeit,
miteinander
im Gespräch
zu bleiben.

DIE KRAFT DER TREUE

Im Zimmer eines alten Mitbruders sah ich als Novize ein dreibändiges, in Leder gebundenes Werk von Heribert Jone: „Moraltheologie“. Auf dem Buchrücken verblasste goldene Lettern: Principia – De sexto – De Reliquis. An zweiter Stelle kam also ein Band eigens über Sex, über das sechste Gebot, so als ob es das wichtigste des Dekalogs wäre.

Für mich war das eine Verschiebung der Werte. Aber heute wundert es mich nicht. Auch in unserer Gesellschaft scheint die Sexualität wichtiger zu sein als Liebe. Daher bekommt die Kirche Gegenwind, wenn sie noch zu den Anweisungen der Bibel steht. Ob die sexuelle Befreiung, die uns die 68er Generation verkündet hat, Wirklichkeit geworden ist, sei dahingestellt. Aber aufgrund der skandalösen Missbrauchsfälle auch

in der Kirche, besteht die Gefahr, dass jede Zärtlichkeit ausgeschlossen wird und kein Kind mehr von einem Lehrer umarmt werden darf.
Das sechste Gebot lautet aber nicht: Du sollst nicht Unkeuschheit treiben, sondern: du sollst nicht ehebrechen. Was Gott verbunden hat, soll der Mensch nicht trennen, und niemand soll sich in eine Ehe eines anderen drängen.
Ehebruch hat es immer schon gegeben, aber heute sieht es manchmal so aus, als sei er ein Kavaliersdelikt. In Wirklichkeit kann er zerstören, niemand spricht öffentlich von den Wunden, die ein Ehebruch schlagen kann. Nur wenn sich die beiden Partner wieder aussöhnen, kann es zu einer Überwindung der Verletzung kommen.
Die Ehe von Mann und Frau scheint ihre ursprüngliche Bedeutung zu verlieren, auch andere Verbindungen von zwei Menschen werden als Ehe bezeichnet. Ehe und Familie als Kern einer Gesellschaft, das wird kaum mehr erkannt. Daher lässt auch ihre Bindungskraft nach. Junge Menschen möchten sich nicht mehr für ihr ganzes Leben festlegen, viele Ehen werden ge-

schieden. Die eigentlichen Leidtragenden sind die Kinder.
Bei einer Jugendwoche fiel mir ein junger Mann auf, der alle Freude vermissen ließ. Als ich allen Teilnehmern die Frage stellte, welches das schönste und welches das traurigste Erlebnis ihres Lebens gewesen sei, kam es heraus: Er hatte von seinem neunten Lebensjahr an gemerkt, wie sich seine Eltern auseinanderlebten, bis sie sich endgültig trennten, als er zwölf Jahre alt war. Kinder sind sehr feinfühlig und merken vieles, ohne etwas zu sagen.
Nun ist aber eheliche Treue alles andere als leicht. Der Stress der Arbeitswelt, die allgemeine Liberalität, die ganzen Lebensumstände erschweren eine lebenslang weiterreifende Liebe. Unterschiedliche Meinungen, Streit und Missverständnisse gehören zum normalen Alltag – auch einer Ehe. Uns fehlt die Ausdauer, Probleme durchzustehen. Rasch geben wir auf. Es fehlt auch die Zeit oder die Bereitschaft zu klärenden Gesprächen. Überhaupt nehmen wir uns viel zu wenig Zeit, miteinander im Gespräch zu bleiben. Viele

andere Dinge sind wichtiger. Eine Ehe ist aber kein Event, auch wenn Hochzeiten gern groß aufgezogen werden. Die Ehepaare wachsen und reifen miteinander. Krisen sind nicht dazu da, um rasch aufzugeben, sondern um überwunden zu werden. Krisen sind Zeiten normalen Wachstums und Reifens.
Doch steht es uns nicht zu, über andere zu richten, sondern es gilt, ihnen beizustehen, wenn Menschen in einer Krise sind oder gar eine Ehe zerbrochen ist. Viele Ehepartner machen in einer solchen Zeit Schweres mit, und eine Ehescheidung ist alles andere als ein Vergnügen. So verstehen wir auch die Wende, die Papst Franziskus gegen harten Widerstand eingeschlagen hat. Es geht nicht darum zu verurteilen, sondern Menschen in ihrer Not beizustehen. Gerade sie bedürfen verständnisvoller Gesprächspartner, die mit ihnen einen Weg finden. Es kann nicht im Sinne Gottes sein, wiederverheiratete Geschiedene als Sünder abzustempeln und sie links liegen zu lassen. Auch ihnen gilt die Frohe Botschaft von der barmherzigen Liebe Gottes.

Es gehört zu den schönsten Erlebnissen, wenn Kinder die Goldene Hochzeit ihrer Eltern erleben. Sie haben die Schwierigkeiten miterlebt, aber wissen dann auch die Treue zu schätzen, in der ihre Eltern gewachsen sind. Die Eltern werden so zu einem Vorbild für ihre Kinder. Manchen erscheint das als eine Idylle. Bindung ist nicht großgeschrieben, aber sie bedeutet Verlässlichkeit. Wir vertrauen einem anderen Menschen, steigen aus uns heraus, unser Herz wächst und weitet sich.

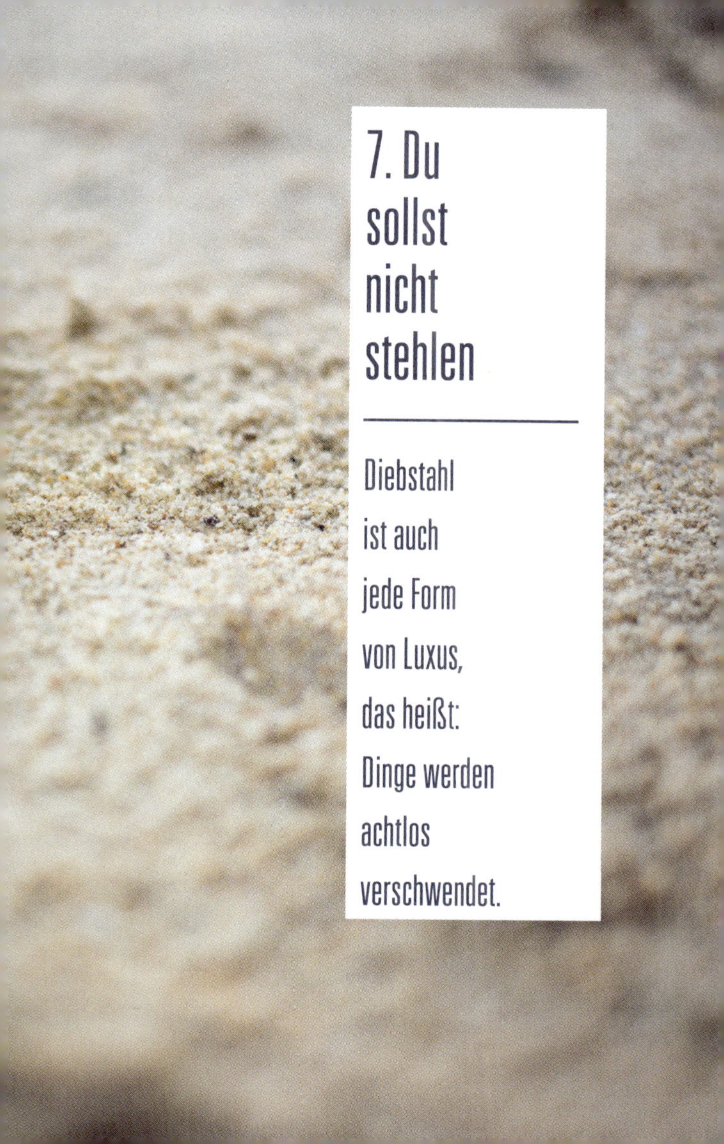

7. Du sollst nicht stehlen

Diebstahl
ist auch
jede Form
von Luxus,
das heißt:
Dinge werden
achtlos
verschwendet.

DIE GIER NACH DEM GELD

Während meines Theologiestudiums haben wir noch diskutiert, ab wann ein Diebstahl zu einer schweren Sünde wird, bei einer Mark neunundneunzig oder erst bei zwei Mark. Das sind heute keine Fragen mehr, es geht um ganz anderes.
Ein großes Thema der letzten Jahre war die Steuerhinterziehung. Gelder wurden ins Ausland verschafft, um von niedrigeren Steuersätzen zu profitieren. So verständlich es sein mag, besonders, wenn das Geld hier schon einmal versteuert war, so wird doch letztlich die deutsche Bevölkerung dieser Gelder beraubt. Das hat dazu gereizt, dass einige Leute Daten geklaut und auf Disketten weiterverkauft haben. Das ist wiederum ein eklatanter Fall von Diebstahl, auch wenn hier der Zweck das Mittel zu heiligen scheint.
Diebstahl ist auch jede Form von Luxus, das

heißt: Dinge werden achtlos verschwendet, während andere Menschen hungern. Es ist beschämend, zusehen zu müssen, wie Arme und Obdachlose die Abfalltonnen auf Bahnhöfen und Parkplätzen durchsuchen, ob sie nicht doch noch etwas Brauchbares finden. Papst Franziskus hat des Öfteren unsere ganze Gesellschaft als Wegwerfgesellschaft gegeißelt. Es geht um einen verantwortungsvollen Umgang mit allen Gütern dieser Welt.

Gott hat uns die Erde mit ihren Gütern zum Wohl der ganzen Menschheitsfamilie gegeben. Sozialistische Gesellschaften haben deshalb Privateigentum verboten. Alles sollte vergemeinschaftet werden. Nur hat das nirgends funktioniert. Auch dort wuchsen die Unterschiede von Reich und Arm, und die Korruption hat ihre Blüten getrieben. Die chinesische Regierung führt seit Jahren einen Kampf gegen die Korruption und legt immer strengere Bandagen an. Menschen aber sind schlau genug, immer neue Schlupflöcher zu finden. Vielfach wird heute Geld nicht durch der Hände Arbeit verdient,

sondern durch Spekulation, und da sind Betrug Tür und Tor geöffnet.
Im Tiefsten unserer Herzen jedoch tragen wir die Sehnsucht nach Ehrlichkeit. Es gab die Zeiten der Ehrlichkeit, als man noch per Handschlag ein Geschäft abschließen konnte, als Zeichen des ehrbaren Kaufmanns. Der Apostel Paulus ermahnt alle zur Arbeit, dazu, den Lebensunterhalt selbst zu verdienen, darüber hinaus Almosen geben zu können und nicht der Versuchung des Diebstahls zu verfallen.
Sich von der eigenen Hände Arbeit zu ernähren, ist heute alles andere als einfach. In Deutschland können die Verhandlungen der Tarifpartner einigermaßen dieses Ziel erreichen, wenngleich Streiks um gerechtere Löhne nicht ausbleiben. Unter Ludwig Erhard wurde die Soziale Marktwirtschaft eingeführt, um zu einem größeren sozialen Ausgleich zu gelangen. Und doch klagen heute viele, dass sie von ihrem Einkommen nicht mehr leben können und auf die Unterstützung der Solidargemeinschaft angewiesen sind.
Die Konkurrenz in dieser Welt ist groß. Aber es

beschleicht uns oft das Gefühl, dass nur mehr der Aktienkurs zählt. Papst Franziskus hat deshalb den Slogan „Der Kapitalismus tötet" geprägt und ist verständlicherweise in den Kreisen von Investoren und Bankern angeeckt. Dabei verdammt er das Kapital keineswegs. Es geht darum, was mit dem Geld gemacht wird. Es gibt auch Reiche, die viel Gutes mit ihrem Vermögen schaffen. Familienunternehmen tragen meistens zur kulturellen Entwicklung einer ganzen Region bei. Ob aber die Großspenden bei Wahlkämpfen wirklich gut für das Volk angelegt sind, bleibt fragwürdig.

Geld verführt, und der Mensch versucht, mit allen Tricks daran zu kommen und es weiter anzuhäufen. Die Geldgier kennt keine Grenzen und beherrscht den Menschen. Wie es anderen Menschen dabei ergeht, spielt dann für sie keine Rolle. Wir denken noch an die Hausbesetzer der 68er Revolte zurück. Seither meinen Menschen immer wieder, das Eigentum der anderen sei ungerechtfertigt. Häuser, Autos und öffentliche Einrichtungen werden besprüht. Diese Menschen erheben sich zu Besitzern dieser Welt.

Eigentum verpflichtet, sagen wir. Aber selbst da gilt es, manche Besitzrechte infrage zu stellen. Ist es gerechtfertigt, dass einige Reiche sich das ganze Ufer eines Sees aneignen und die normale Bevölkerung keinen Zugang mehr hat?
Manche sind nun mal mit Gütern gesegnet, manche sind gute Geschäftsleute, die den Mut zum Risiko bewiesen haben und zum wirtschaftlichen und finanziellen Erfolg gelangt sind. Gleichwohl bleibt zu bedenken, dass die Erde letztlich allen gehört, nicht nur ein paar wenigen.

8. Du sollst kein falsches Zeugnis geben wider deinen Nächsten

Wollen wir immer die Wahrheit hören? Verkraften wir sie?

DIE UNBEQUEME WAHRHEIT

Eng mit dem siebten Gebot verbunden ist das achte; denn Betrug ist falsches Zeugnis zum Schaden des anderen. Wegen Betrugs machen sich aber viele kein Gewissen. Überhaupt hat Wahrhaftigkeit nicht gerade Hochkonjunktur. Lüge und Falschheit sind an der Tagesordnung. Kann man sich noch auf Nachrichten verlassen, wenn Internetkonzerne bewusst Menschen manipulieren wollen bis hin zur Beeinflussung des Wahlverhaltens? Andererseits verlangen wir von Banken und Firmen absolute Transparenz. Deren Betrugs- und Vertuschungsskandale sprechen allen Verhaltensregeln Hohn, es werden Milliarden an Strafen bezahlt. Was sollen sich da die einfachen Bürger denken? Sie bräuchten das gute Vorbild derer, die in Verantwortung stehen.
Selbst in der Kirche, obwohl sie erklärtermaßen

eine moralische Instanz sein will, wurden zahlreiche Missbrauchsfälle vertuscht, und Papst Franziskus tut sich immer noch schwer, die Null-Toleranz durchzusetzen. Jesus sprach hier eine sehr deutliche Sprache: Er nannte heuchlerische Pharisäer und Schriftgelehrte „übertünchte Gräber“ (Mt 23,27).

Allein „die Wahrheit wird euch frei machen“. (Joh 8,32) Doch wollen wir immer die Wahrheit hören? Verkraften wir sie? „Die Welt will betrogen sein“, sagten schon die Römer. Eine Partei, die vor den Wahlen ein negatives Zukunftsbild entwirft, und sei es noch so zutreffend, braucht sich keine Hoffnung auf den Wahlsieg zu machen. Menschen wollen keine Schwarzmalerei. Sie brauchen den Glauben an eine Lösung der Probleme.

Wir haben auch nicht das Recht, alles von allen zu wissen – auch wenn es heutzutage üblich ist, bei Politikern in der Vergangenheit herumzustochern, ob nicht doch ein Makel zu finden ist. Wie er sich inzwischen entwickelt hat, spielt keine Rolle. Es wird keinem vergeben, keinem eine

Besserung zugestanden. Moralische Korrektheit wird grausam. Auch Freunde und Ehepartner müssen einander nicht all ihre Fehler ausbreiten. Als Christen wissen wir sehr wohl, dass keiner vollkommen ist, sondern jeder seine Schattenseiten hat. Deshalb brauchen wir vom anderen nicht alles zu wissen. Es gibt auch die Kunst der Diskretion aus Respekt vor dem anderen. Sonst zerstören wir die Basis des Vertrauens.
Ein großes Feld sind die Verdächtigungen und das Denunziantentum. Anonyme Briefe müssen sofort in den Papierkorb wandern. Denn wer anklagt, muss dafür mit seiner Person geradestehen. Als Studenten haben wir in unserem Wohnheim eine kleine Gruppe gebildet, die sich zum Ziel gesetzt hat, jedem Verdacht nachzugehen. „Woher weißt du das, wer hat es dir gesagt? Raus mit der Sprache! Verdacht kann die Gemeinschaftsatmosphäre zerstören.“ Die meisten Dinge waren nur vom Hörensagen bekannt und lösten sich in Luft auf. Wo tatsächliche Fehler aufgedeckt wurden, konnten wir sie beheben. Keiner wagte mehr, unbewiesene Verdächtigungen in die Welt zu streuen.

Eine besonders listige Art, andere zu betören, besteht darin, dass wir uns bemühen, von uns selbst ein falsches Bild abzugeben. Keiner möchte natürlich vor anderen schlecht dastehen. Die eigenen Schwächen werden heruntergespielt, die Verdienste herausgestellt und womöglich aufgebauscht. Jeder darf auf seine Reputation schauen. Aber diese schlägt sich nicht in seinen Auszeichnungen und Ehrungen nieder, sondern in seiner Ehrlichkeit.

Ehrlichkeit ist das, was Papst Franziskus von Bischöfen und Priestern einfordert, aber auch von allen Gläubigen. Ausgangspunkt ist das Evangelium. An den Anweisungen Jesu wird die Ehrlichkeit gemessen. Er war der Feind jeder Heuchelei und wollte seine Zeitgenossen, aber auch uns immer auf den wirklichen Sinn von Geboten hinführen.

Wir Menschen sind Kasuisten und suchen nach Ausreden, die ein Abweichen von den Geboten rechtfertigen sollen. Ein kleines Beispiel: Das Kirchengebot, am Freitag kein Fleisch zu essen, wurde mit so vielen Ausnahmen durchlöchert, dass es am Schluss lächerlich wirkte. Deshalb wurde es neugefasst, um es auf seinen eigentlichen Sinn zurückzuführen. Wir sollen am Freitag in Erinnerung an das Kreuzesopfer Jesu ein Opfer bringen. Das kann natürlich den Verzicht auf Fleisch oder einen Luxus bedeuten, aber auch den Besuch eines Kranken, das Almosen an Arme. Nur: Jetzt müssen wir denken und erfinderisch sein, und das fällt vielen schwer. Etwas Reguläres macht es uns leichter.

Wie auch sonst kommen wir nicht umhin, uns selbst immer wieder zu fragen, wie wir es mit der Wahrheit halten. Erst Wahrheit und Aufrichtigkeit werden uns frei und glücklich machen.

9. Du sollst nicht begehren deines Nächsten Frau

Menschen senden auch ungewollt Reize aus, aber der oder die andere bleibt eine zu respektierende Person, die niemandem gehört.

WÜRDIGEN STATT BESITZEN

Das 9. und 10. Gebot gehören eigentlich zusammen. Es geht um die Begierde dessen, was dem anderen gehört. Zum Besitz des anderen gehörten im damaligen israelitischen Volk nicht nur Haus und Hof, das Vieh und aller Hausrat, sondern auch die Frau. Es scheint noch die Zeit der Nomaden durch.

Ich möchte sie aber doch getrennt nehmen, wie es der Tradition entspricht. Katholischerseits gilt als 9. Gebot das Verbot der Begierde der Frau des andern, und dann erst im 10. Gebot wird die Begierde auf alles, was dem anderen gehört, ausgedehnt. Die Lutheraner gliedern umgekehrt. Der Besitztrieb scheint im Menschen unausrottbar zu sein. Die Frau gehört in vielen Naturvölkern dem Mann, und oft ist es nicht nur eine. Aber dieser Trieb zeigt sich genauso im Machismo. Der Mann möchte eine Frau besitzen und ist stolz, wenn er sie einem anderen ausspannen kann, so wie man einem anderen ein Pferd stiehlt. Der Machismo, die Vorherrschaft des Mannes, sitzt tief in der Natur des Mannes. Das geht bis in unsere Zeit.

Gleichstellung muss gesetzlich verankert werden, um der Begierde des Mannes Grenzen zu setzen. Gleichstellung am Arbeitsplatz, in den Vorständen der Unternehmen. Der Feminismus ist eine Reaktion auf diese Tendenz zum Machismo. Dabei bleibt es unerklärlich, warum viele amerikanische Frauen Donald Trump die Stimme gegeben haben, obwohl dieser sich vor der Wahl so abfällig über Frauen geäußert hat. Suchen viele vielleicht doch den starken Mann, den Beschützer, der Geborgenheit schenkt?

Der Umgang beider Geschlechter miteinander ist in unserer heutigen Lebenswelt nicht einfach. Manches kann als Belästigung gedeutet werden, die unter Strafe gestellt ist. Aus den USA schwappte die Me-Too-Welle zu uns. Schauspielerinnen machten den Anfang und nannten die Männer

beim Namen, die sich an ihnen vergangen hatten. Aber das gilt auch für die Kellnerinnen, Zimmermädchen, Verkäuferinnen und andere Berufssparten. Die „Süddeutsche Zeitung“ hat Protokolle von 14 Frauen veröffentlicht, in denen sie schildern, was ihnen widerfahren ist und wie sie die Sexismus-Debatte bewerten.
Andererseits lauert die Gefahr, in einen Puritanismus zurückzufallen. Kein Kompliment ist mehr erlaubt, kein Flirt. Die Welt wird düster. Es liegt nicht nur an dem Eroberungstrieb der Männer, auch Frauen wollen erobern oder erobert sein. Sie kleiden sich attraktiv, um gesehen und vielleicht auch begehrt zu werden.
Aber ist die Schönheit nicht auch ein Geschenk Gottes? Und hat er uns nicht auch die Fantasie gegeben, uns noch ein bisschen schöner zu machen?
Stil und Anstand lassen sich nicht gesetzlich festnageln, sie stehen in der Verantwortung des Menschen, in seiner Freiheit.
Mann wie Frau müssen lernen, mit ihrer Sexualität umzugehen, sie in ihre Persönlichkeit zu

integrieren und hier wie sonst zur Selbstbeherrschung zu gelangen. Das ist im Zeitalter der sogenannten sexuellen Befreiung nicht leicht einzufordern.
Selbst die Vorkämpfer der sexuellen Befreiung zur Zeit der 68er Revolution waren alles andere als Beispiele für die Anerkennung der Frau und für die Gleichstellung. Ihre Frauen hatten sich unterzuordnen. Erst mit der Zeit kam es dazu, dass Männer auch die Arbeiten im Haus und in der Kinderpflege übernehmen.
Jesus ist noch einen Schritt weitergegangen. Wenn ein Mann eine Frau lüstern ansieht, das heißt mit stillem Begehren, begeht er in seinem Herzen bereits eine Sünde: „Ihr habt gehört, dass gesagt worden ist: Du sollst die Ehe nicht brechen. Ich aber sage euch: Wer eine Frau auch nur lüstern ansieht, hat in seinem Herzen schon Ehebruch mit ihr begangen.“ (Mt 5,27f.) Das verlangt eine hohe Kultur der Selbstbeherrschung.
Menschen senden auch ungewollt Reize aus. Es bleibt aber die Frage, wie Männer oder Frauen darauf reagieren.

Sie werden die Reize registrieren, müssen sich aber sagen, der oder die andere bleibt eine zu respektierende Person, die niemandem gehört, nach der er oder sie folglich auch nicht verlangen kann.
Jesus macht es uns nicht bequem. Aber genau damit unterstreicht er die Würde von Mann und Frau. Seine Botschaft befreit den Menschen zu seiner Würde.

10. Du sollst nicht begehren deines Nächsten Hab und Gut

Wir brauchen zwar einiges für unser Leben, aber je mehr wir uns davon befreien können, desto glücklicher fühlen wir uns.

Ein Rat an die Reichen: Zeigen Sie es nicht, dass Sie reich sind. Sie werden viele Neider und Bittsteller auf den Plan rufen.
Wenn bekannt wird, dass jemand im Lotto das große Los gewonnen hat, wird er nicht mehr zur Ruhe kommen, nicht nur, weil er vielleicht mit viel Geld nicht umgehen kann, sondern auch, weil er von zahlreichen Leuten angebettelt wird. Am Schluss wird er wieder beim Ausgangspunkt enden.
Die horrenden Managergehälter und Boni erzeugen allerdings weniger Neid als Wut in der Bevölkerung. Für Menschen, die kaum das Nötigste zum Leben haben, bleibt es unverständlich, warum die Reichen nie satt werden. Dabei lautete früher ein Sprichwort, Sparen könne man von den Reichen lernen. Man konnte auch noch sagen, Unternehmenschefs trügen eine hohe Verantwortung für die Sicherung der Arbeitsplätze, das dürfe entsprechend abgegolten werden. Aber wenn Geld nicht mehr durch Arbeit verdient wird, sondern durch Spekulation, verlieren die bisherigen Maßstäbe ihre Berechtigung.

Gleichwohl gilt: Du sollst nicht begehren deines Nächsten Hab und Gut. Das betrifft jeden. Und doch herrscht vielerorts der Vergleich vor: Welchen Wagen fährt der Nachbar? Männer neigen besonders dazu, ihre Position oder ihr Vermögen in Statussymbolen zu manifestieren.

Der Neid reicht bis in die Familien hinein: „Lebt ihr Geschwister noch in Frieden miteinander oder habt ihr schon geerbt?“ Es geht dann um jeden Euro. Eltern mögen sich bei der Abfassung des Testaments noch so sorgen, jedem das Seine zukommen zu lassen, es wird hinterher häufig doch zum Streit kommen. Der Neid kann schlaflose Nächte bereiten und die Familien auseinanderdividieren. Glücklich müssen sich eigentlich diejenigen schätzen, die nichts erben können, weil die Eltern zu arm waren, ihnen etwas zu hinterlassen. Immer wieder kommen wir auf denselben Punkt: Wir brauchen zwar einiges für unser Leben, aber je mehr wir uns davon befreien können, desto glücklicher fühlen wir uns. Der heilige Benedikt wird da sehr deutlich: Jedem soll das gegeben werden, was er braucht. Wer weniger braucht, schaue nicht neidisch auf den, der mehr bekommt. Wer aber mehr braucht und bekommt, schaue nicht auf den herab, der weniger benötigt und weniger zur Verfügung hat. Die innere Freiheit macht die Würde des Menschen aus.

Die Habgier sitzt tief im Menschen und zerstört menschliche Gemeinschaft. Schon das siebte und neunte Gebot wollten gegensteuern. Das Pendant zu Besitzgier ist der Neid derer, die meinen, zu wenig zu haben, oder die tatsächlich nichts haben. Sie wollen ja auch besitzen, und weil sie nicht drankommen, werden sie von Neid geplagt. Erst wenn der Mensch gelernt hat, wie wertvoll die innere Freiheit ist, wird er davon Abstand nehmen können. Dann werden wir die anderen nicht beneiden, sondern es ihnen sogar gönnen. Ich würde, ironisch gesprochen, jemandem gern eine Menge Geld schenken. Denn dann hätte er den ganzen Tag die Sorge, wie er es am besten anlegen und vermehren kann, wie er vor allem nichts verliert.

Das Verlangen nach Besitz und Macht ist dem

unsere Triebkräfte. Aber wir müssen lernen, sie zum Guten hin zu kanalisieren, und sie beherrschen. Die Selbstbeherrschung ist ein Zeichen menschlicher Reife.

Die Zehn Gebote hat Gott dem Menschen gegeben, nicht um ihn einzuengen, sondern um ihn zur Freiheit und zum Glück zu führen. Das setzt die Ordnung im eigenen Leben voraus. Weil aber der Mensch in eine Familie und eine Gesellschaft eingebettet ist, haben die ganzen Gebote eine soziale Dimension. Damals sollte das Volk Israel inmitten der anderen Völker überleben, das gilt auch für uns Menschen heute.
Es sind lauter Gebote, Wegweisungen für unser zwischenmenschliches und gesellschaftliches Verhalten. Man könnte sie auch von der Vernunft her entfalten, aber sie bekommen als Gebote Gottes eine besondere Dimension. Gott steht dahinter, er steht hinter dem Menschen. Er hat sich ihm zugewandt und möchte sein Glück. Die Zehn Gebote sind so etwas wie Straßenschilder. Keiner wird so unvernünftig sein und in die ent-

gegengesetzte Richtung fahren.
Wenn aber Gott sich so um den Menschen sorgt, dann sind die ersten drei Gebote die Antwort des Menschen auf diese Zuwendung. Er achtet eben nur diesen Gott und fällt nicht anderen Götzen anheim. Er ist offen für Gott, lässt sich von ihm den Weg weisen und macht sich kein eigenes Bild von Gott. Gott nimmt sich Zeit für den Menschen, so sparen auch wir einen Tag in der Woche für diesen Gott aus. In Jesus ist Gott noch in viel deutlicherer Weise auf uns zugegangen. Er ist der Interpret auch der Gebote. Er streicht nichts weg, sondern sieht sie erfüllt in der Gottes- und Nächstenliebe. Die Erfüllung der Gebote ist der ständige Dialog des Menschen mit seinem Schöpfer und Erlöser.